LA HISTORIA
DEL MOVIMIENTO
OBRERO
DE LAS HORMIGAS

LA HISTORIA DEL MOVIMIENTO OBRERO DE LAS HORMIGAS

ANTOLOGÍA POÉTICA

JUAN CARLOS MESTRE

Selección y epílogo de
Raquel Ramírez de Arellano

kalandraka

Índice

Lección de geografía 7

Todos los libros llenos de palabras 8

Lo que lleva un poeta en la mochila 10

Antepasados 12

La cabeza 14

El poeta 16

Instructivo para llamar al teléfono móvil
de la eternidad 20

Ta tung 22

Retrato del listo 23

Carpe diem 24

las patatas enterradas en un cuadro
de joan miró 26

Allen Ginsberg 29

Enigma 30

fou foucault 32

asamblea 33

Últimas monedas 34

Posiblemente se acaben de levantar 36

Cibercafé 37

Historia de amor 39

Elogio de la palabra 40

Retrato de familia 41

Poema del lejano 43

La hija del sastre 44

Cavalo Morto 48

Epílogo 51

LECCIÓN DE GEOGRAFÍA

Quien no haya visto el mar que se levante,
yo os lo voy a contar, cerrad los ojos.
Imaginad que el agua, como un caballo blanco,
se hubiera subido al campanario.
Las hojas de los árboles son peces,
la nieve, espuma de cristal sobre las olas.
Como de un vaso de luz
que sostuviera la mano de Dios,
van cayendo una a una las gotas de la vida.
Así, el inocente pájaro,
la piedra, el musgo o la mariposa
van entrando en el agua que ya todo lo cubre.
Creeréis que el mundo, desde siempre,
ha ido llevándole sus ríos.
Del fuego, de la oculta ceniza de madera
ha tomado el mar su verde brote de esmeralda.
Como el ruiseñor que canta
en los jardines de la tierra
también las caracolas en sus profundos valles
celebran la música.
Por eso al acercar tu oído
a ese bello laberinto de leche
escucharás, aunque no quieras,
el inmenso ruido de la mar.
Ahora ya lo sabéis,
y sólo falta empujarlo, entre todos,
al aire.

TODOS LOS LIBROS LLENOS DE PALABRAS

Y todos los libros llenos de palabras
y todos los calendarios llenos de días
y todos los ojos llenos de lágrimas
y llena de nubes la cabeza de todos los mares
y llenos de coronas y puntapiés todos los relojes de arena
y de jirafas molidas todos los pechos condecorados
y todas las manos llenas de verano y caracoles marinos
y todos los dormitorios llenos de manojos de explicaciones
y de pantalones disecados las sillas en todos los prostíbulos
y todos los huecos llenos de público
y todas las camas llenas de electrocutados
y todos los animales llenos de espíritu y pánico
y de feroces gritos los árboles en todos los aserraderos
y todos los tribunales llenos de testimonios
y todos los sueños llenos de sacacorchos
y llenas de chicas todas las estrellas
y todos los libros llenos de palabras
y todos los calendarios llenos de días
y todos los ojos llenos de lágrimas
y todas las peceras y todos los pupitres y todas las cenas íntimas
y todos los razonamientos llenos de indudables edificios
y toda la primavera llena de moscas y crisantemos
y llenas todas las iglesias y todos los calcetines y todas las peluquerías

y todas las mujeres llenas de gloria
y llenos también de gloria todos los hombres
y todas las perreras llenas de ángeles
y todas las llaves llenas de puertas
y todos los bazares llenos de ratones
y llenos de barrenderos todos los cuadros
y llenas de estiércol todas las escobas de la patria
y todas las cabezas llenas de radiografías e intríngulis
y llenas de luz todas las subestaciones eléctricas
y llenos de amor todos los manicomios
y todos los cementerios llenos de salvavidas

Lo que lleva un poeta en la mochila

A Jorge Riechmann

Lleva yogur para el camaleón
Las tijeras del equinoccio con que sí
Las tijeras del equinoccio con que no
Piedrecillas para el cementerio judío de la piedad
El bulbo del razonamiento
La Historia del Movimiento Obrero de las Hormigas
Una taza para el agua
La llave que abre el sueño de las muchachas dormidas
Los zapatos de Josephine Baker y la herradura de los ladrones
Lleva un puñado de tierra para la almohada
Y es la almohada
Un silbato para encender el brasero
Ruido de nueces para el instante de las semejanzas
Una aldea donde es feliz el calor
El pasadizo de estrellas hacia el rey del otoño
Un tintero para el himno de la desobediencia
Pan para el pan, eso lleva
Lleva la prosperidad de las repeticiones

ANTEPASADOS

Mis antepasados inventaron la Vía Láctea,
dieron a esa intemperie el nombre de la necesidad,
al hambre le llamaron muralla del hambre,
a la pobreza le pusieron el nombre de todo lo que no es extraño
                                            [a la pobreza.
Poco es lo que puede hacer un hombre con el pensamiento
                                            [del hambre,
apenas dibujar un pez en el polvo de los caminos,
apenas atravesar el mar en una cruz de palo.

Mis antepasados cruzaron el mar sobre una cruz de palo,
pero no pidieron audiencia,
así que vagaron por los legajos
como los erizos y los lagartos vagan por los senderos de las aldeas.

Y llegaron a los arenales,
en los arenales la tierra es brillante como escamas de pez,
la vida en los arenales sólo tiene largos días de lluvia y luego
                                            [largos días de viento.

Poco es lo que puede hacer un hombre que sólo ha tenido en la vida
                                            [estas cosas,
apenas quedarse dormido recostado en el pensamiento del hambre
mientras oye la conversación de los gorriones en el granero,
apenas sembrar leña de flor en la sábana de los huertos,
andar descalzo sobre la tierra brillante
y no enterrar en ella a sus hijos.

Mis antepasados inventaron la Vía Láctea,
dieron a esa intemperie el nombre de la necesidad,
atravesaron el mar sobre una cruz de palo.
Entonces pusieron nombre al hambre para que el amo del hambre
se llamara dueño de la casa del hambre
y vagaron por los caminos
como los erizos y los lagartos vagan por los senderos de las aldeas.

Poco es lo que puede hacer un hombre con las migas de la piedad,
comer pan mojado los días de lluvia a los que luego seguirán
                                    [largos días de viento
y hablar de la necesidad,
hablar de la necesidad como se habla en las aldeas
de todas las cosas pequeñas que se pueden envolver con cuidado
                                    [en un pañuelo.

LA CABEZA

Se me ha ido la cabeza
No soy el primero ni el último a quien de repente se le va la cabeza
Un día te levantas y no hay nadie sobre los hombros

La mayoría se aburren y marchan sin despedirse
No vuelven a acordarse de sus antiguos dueños
Las que regresan lo hacen a menudo desengañadas
Miran para otro lado como si aquí no hubiese pasado nada

Las oficinas de objetos perdidos están repletas de cabezas como la mía
Las guardan un tiempo, luego no se sabe qué hacen con ellas

No las iban a dejar allí para siempre

EL POETA

Para Rafael Pérez Estrada

Recorrimos los suburbios,
anduvimos juntos entre la maleza,
dormimos en los cobertizos.

El poeta barba de maíz roedor de los sembrados,
el poeta bobina sin hilo de las cometas.
El que bajo los párpados de lino del verano
es la voz ronca del vendedor ambulante,
la mirada del viento que seca la tierra mojada.

Lo que el poeta dice,
lo que dice el poeta a la adivina,
al solitario de boina gris,
al que oye sus palabras como relato de un robo.

El poeta vidrio de los cuatro colores de la atmósfera,
el poeta oscuro llave de las alacenas.
El que está sentado a la diestra del padre
junto al jugador de baraja que lee la fortuna,
el que le dice a la muerte, oye muerte,
y se acuesta con ella.

Lo que dice el poeta,
lo que el poeta dice
al que se creyó dueño de algo,
propietario del reflejo de algo,
amo de la discordia de algo.

El que deambula de noche por los cercados,
el poeta amigo de las hormigas
que construye una casa de harina.
El que guarda en su artesa cuero de tambor
y pan nublado del sábado.

El poeta cera amarilla de las iglesias
que baila con el agua de las pecadoras,
el poeta barco de papel
que duerme con la muchacha sin labios.

Sus manos escriben el rótulo de las mercerías,
saludan en la iglesia al dueño del alambique.
El que se llama Niebla, Pelirrojo Crepúsculo,
el que no sabe a quién besarán ahora los ojos
                              [de Triste Boca de Nuez,
el que silba como el pájaro de las colinas,
el hijo del panadero que conversa con el martín pescador.

Lo que el poeta dice,
lo que dice el poeta a la muchacha con calcetines blancos
y pequeños ojos de colibrí.
El viejo pastor comensal del otoño,
el poeta ruido de las semillas, carpintero del Arca de los animales.
El delirante bajo el filamento de las bombillas
para el que aún tiene sentido seguir dándole vueltas.
El que vive en la patria de una mujer desnuda,
el hijo de la locura que llora médula de caballos
sumergido en el humo de su choza de adobe.

El que vino a barnizar con leche la jaula de los cantos,
aquel cuya cabeza ha rodado como una peonza
por la tarima de los burdeles
y ha recorrido todos los templos
pidiéndole favores al crucificado.
El consentido por el vínculo de las zurcidoras,
el que padece una enfermedad inmortal
y levita en los parques tumbado de espaldas.

El poeta que cruza en ambulancia los campos de girasoles,
el poeta ángel de los pesebres,
brizna de los acantilados.
El poeta reloj de lluvia de las epidemias,
vapor de los harapos hervidos contra la peste.
El que ha hipotecado la hacienda de varias generaciones
y ahora es el ánima de un bolchevique embriagado de vodka.

El patriarca que abrió una tienda de ultramarinos
y compra por cuatro centavos un ramito de sífilis,
el que conoce el comercio de especias y el tráfico de resinas,
el compadre de los anarquistas
con su escarabajo negro ante el eclipse de mar.
El que rodeado de profecías y pájaros
vive en las manos de una arpista,
el que tiene dedos de trébol y cerillas,
aquel cuyas cenizas alimentarán las carpas de los estanques.

Recorrimos los suburbios,
anduvimos juntos entre la maleza,
dormimos en los cobertizos.

Lo que el poeta dice,
lo que dice el poeta a la adivina,
al bisabuelo judío que dormía en la comuna
y aún vaga con su barba blanca por ahí
proclamando su consigna a las abejas:
Las estrellas para quien las trabaja.

INSTRUCTIVO PARA LLAMAR
AL TELÉFONO MÓVIL DE LA ETERNIDAD

Pulse asterisco. Espere a oír el evangelio de estas rosas en la nada. Marque el cero seguido de eclipse con oxígeno. Aguarde a oír su confidencia en la catedral de las ballenas. Marque luego el siete. Diga la palabra grillo y oiga al grillo. La voz del espectáculo le preguntará qué quiere. Deletree lápida para comunicarse con Bernini. Medite despacio en lo despacio, hay desierto. Apriete almohadilla para que se tumbe agosto como león de circo. Tenemos todas las líneas ocupadas. Pero responda crepúsculo si busca una psicoanalista para lágrimas. Nada, no diga nada si solicita eternidad esbelta metro setenta caja de pino. Manténgase atento al aparato. Ya no hay rosas en la academia de las rosas. Hay un reloj floreciendo en cada tiesto, nubes en las uñas, hay fracaso. Gracias por su llamada, no cuelgue. Ponga su sombrero sobre la cama, le atenderemos en ningún momento.

TA TUNG

Me enamoré de ti en el restaurante chino de la Plaza Mayor
Ese día bajo los dragones dorados
Tú eras todas las dinastías que ha tenido la Tierra
Tú eras el delta de los ríos y la cascada de los encantamientos
El curry que tiñe de sol el lazo de las servilletas
El día que me enamoré de ti comenzaba el año del gato
Y las nubes maullaban sobre los tejados
Celebrando la lluvia de estrellas y la cosecha de arroz
Demonios, al salir tiraste sin querer el buda de escayola
Y todos los buenos presagios se hicieron añicos
Nena, ya nada ha vuelto a ser como entonces
Cuando sabías a las bolitas de helado Familia Feliz
Y yo te acariciaba con palillos de bambú los brotes de primavera

RETRATO DEL LISTO

Yo diría que habla un poco más alto que los demás
Los demás somos casi siempre estúpidos
Y tenemos un hermano gemelo también estúpido
Si nos gustan las galletas es porque nos gustan las galletas
Si calentamos agua se nos derrama la leche
No hay manera de acertarle las quinielas a un listo
Se creen la nodriza de Mallarmé
Mientras uno hace un esfuerzo para explicarse
Él ya ha hecho el gesto de que no te está comprendiendo
A lo mejor es verdad y el listo no entiende tanto como parece
Un listo te pide cigarrillos y le das cigarrillos
Al mes siguiente te pide acciones en la Tabacalera
Cuando estás como siempre el listo está siempre mejor
No hay manera de quitarle la silla a un listo
Gracias a dios la mujer de un listo
No es tan lista como el mismísimo listo
Un listo no se come las uñas, se come el cerebro
El listo no lleva papeles en el bolsillo, lleva papiros
Yo diría que por eso habla un poco más alto que los demás

CARPE DIEM

Cuando el amor se termina no queda nadie que traiga flores los sábados
Las botellas de Lambrusco dejan de hacer ¡plop!
Las deliciosas películas de arte y ensayo se vuelven aburridas
Nadie te regala calcetines por Pascua, nadie te pone el termómetro
Cuando un amor se termina dan las diez un cuarto de hora antes
Las estrellas comienzan a acumular un retraso considerable
Las gatas dejan plantado al párroco en los tejados
Las luces indirectas enfocan directamente los portarretratos
Cambias los muebles de sitio, ordenas la biblioteca
Aparece la lupa, encuentras los comprobantes de la tintorería
Las cajeras del supermercado te empiezan a sonreír de otra manera
Los cuervos marinos se vuelven palomas mensajeras
Se acabó el azúcar, echas mano del edulcorante
Te paran todos los taxis, vas derecho al motel de las metáforas
Tocan el timbre, el cartero te deja un certificado para la vecina
Llaman por teléfono, otra vez la noche se ha equivocado de número

las patatas enterradas en un cuadro de joan miró
se convierten en pájaros escondidos bajo la lana en el fondo
de un tambor
esas lluvias dormidas no necesitan una silla para trabajar
sentadas
dicen finas palabras con ojos de gallina mientras soplan
el polvillo de las lentejas
dicen santa es la miel santa la miel vieja que no espera ninguna
desgracia en la casa dormida
solamente una vez durante toda la vida sale la estrella a
platicar con los carneros que no tienen apellido
la noche está patas arriba y los insignificantes con nariz de gancho
van a la sinagoga a llorar por la destrucción del templo la madre
los afeita bajo el impermeable con piel de fruta
se rasuran el mentón y los pelillos de las orejas
vienen los ratones con los bolsillos llenos de piedrecitas
 y garbanzos a volcar los candiles
                    ohhhhhh   ahhhhhh   ohhhhhh
cómo picotean allí dentro sus blancos zapatos de lejía y azúcar
en la última fila apoyados en el hombro de la nieve muerta
preguntan a qué vendrá pentecostés
a frotar con aceite los huertecillos con baldosas de oro a amarse
bajo las colchas de cama
qué caminata por la corona de los reyes
solo por hacer algo cruza cada uno su noche y el dedo de
los anillos les dice pasa
allí está giorgio que detestaba las flores y amaba los frutos allí
las criaturas de apollinaire tirando desde la torre eiffel

huevos a los alemanes

moishe moishe moishe

las patatas azules enterradas en los lienzos de joan miró lloran

porque han perdido los resguardos

será que lo hacen porque la hermosura no se puede comprar

sino cambiarse por otra belleza

la nodriza y el herrero han cerrado sus ojos y ahora se las

arreglan sin beber

sobre el jabón mojado juegan las niñas que han comprado

una vela

a la hora de la siesta las patatas escuchan música y se sirven

pastelitos tricolor

todos los días son el día de todos los santos

los caballos comen fríjoles y las pensiones se llenan por un rato

de mujeres y hombres a la manera de josephine baker amén

por los que al mondar las patatas escuchan alguna

palabra de su madre

amén por los que con una mínima inclinación de cabeza dejan

a dios con la boca abierta

la lluvia no tiene dinero los corderos no tienen dinero los fuegos

artificiales no tienen dinero

igual desciende la bendición sobre sus propósitos

igual el ruiseñor mira a la trompeta por el rabillo del ojo

y las esposas y los huéspedes de la revolución industrial

quedan pensativos

       ohhhhhh   ahhhhhh   ohhhhhh

no es necesario caerle bien a la gente basta con no interrumpir

el trabajo del mar acariciarle el pelo a la democracia

eso sueñan las patatas bajo el arroz con pollo que se sirven
los lanzadores de béisbol después de morderse la lengua
las patatas se bajan de los taxis de cartón y simplemente entran
en restaurantes carísimos llenos de obreros graduándose
y apodos bastante lindos
y el hombre que se mantenía al margen de todo se gira para decir
no encuentro mi cartera
y el hombre que se negaba a ver se da la vuelta para declarar
por primera vez ¡te amo!
tal vez no para siempre esta felicidad es para ti
         ohhhhh   ahhhhh   ohhhhh
las patatas enterradas en un lienzo de joan miró

ALLEN GINSBERG

A José María Parreño y Nacho Fernández

Dónde
Dónde está
Dónde está aquel chico
Dónde está aquel chico de la gabardina
Donde está aquel chico de la gabardina negra
Ha ido a desmontar su cerebro célula a célula
Ha ido a buscar un papelillo para liarse otra plantación
[de metáforas clásicas
Ha ido a soplarle en la oreja al malhumor de los frailes
Ha ido a aflojar los cordeles que tensan la carpa del circo
Ha ido a charlar con las camareras
Dónde
Dónde estará
Dónde estará aquel chico de la gabardina negra

ENIGMA

Entró la cabeza sedienta en la casa de las putas, allí estaba Rimbaud
Con la pata atada como una gallina y la cabeza desnuda
Estaba Rimbaud, carcomido como una canoa y con la lengua blanca
Nada le dije, qué cosa deshilachada le hubiera dicho yo a Rimbaud
La verdad, pude haberme hecho pasar por ti, pero no lo hice
Pude hacerme pasar por él, te juro, me alcanzaba el talento
Discreto, en un rinconcito, estaba el bicho de Rimbaud
Con la pata atada como una gallina y la cabeza desnuda
No demasiado guapo, dispuesto, eso sí, a ponerse violento
Era como un santo enfermo estorbando en medio del altar
Como amante no creo que hubiera dado más juego que una monja
Ceroso, con las uñas sucias y oliendo como una lata de petróleo
Rimbaud en persona espantando las moscas de la rosa podrida
No tuve valor de pasarle el libro que acababa de presentar a un concurso
Lo noté atemorizado con los turistas y con los hombres que nacen viejos
No sé qué hacía toda esa gente lúgubre observando a Rimbaud
Con la pata atada como una gallina y la cabeza desnuda
Yo había perdido a mi amor y buscaba a la bella durmiente
Yo le rehusé la mirada no fuera a ser que me lanzase el machete
Con los ojos cerrados Rimbaud podía dar en el blanco a cinco kilómetros
Con los ojos abiertos te metía su espada de palo hasta la empuñadura
Yo era hijo de un padre alcohólico y de madre desconocida
Me sudaban las manos al verlo rodeado de delincuentes y saltimbanquis
No me atreví a pedirle un prólogo para el libro
                          [con el que acababa de perder un concurso
Respiraba fatigosamente como una cama arrugada tras las persianas bajadas
Estaba sentado cerca del espejo donde las chicas amables se retocan
                                        [los pómulos
Con la pata atada como una gallina y la cabeza desnuda
Callar es bueno, pero una sola palabra suya bastó para enfermarme

fou foucault dijo dos puntos la raíz espiritual de nuestro ser es el lenguaje y se quedó tan pancho triste como el polvillo de una canción hermosa dos personas se arrancan la cabeza la guardan en la cajita de los botones salen bajo la lluvia hacia donde les señala la boca los precios suben sin parar las ideas se desploman las redes los armarios de ropa las corrupciones de la frase mi madre es un campo de algodón hablo solo con el martillo envuelto en nubes con el cielo que se parece a mi cara hay unos hombres que jamás he visto vaciando de raíces el túmulo de agamenón el cadáver de príamo la caseta donde estaba yo

asamblea

queridos compañeros carpinteros y ebanistas
les traigo el saludo solidario de los metafísicos
también para nosotros la situación se ha hecho insostenible
                    [los afiliados se niegan a seguir pagando cuotas
a partir de este momento la lírica no existe
con el permiso de ustedes la poesía
ha decidido dar por terminadas sus funciones este invierno
                                        [no lo tomen a mal
pero aún quisiéramos pedirles una cosa
mis viejos camaradas amigos de los árboles
acuérdense de nosotros cuando canten la internacional

ÚLTIMAS MONEDAS

Aún me quedan unas monedas para gastar en la felicidad
Ir al teatro con asientos de felpa donde nunca nos conocimos
Y poner en el periódico una esquela a este mundo de perros
Aún me queda una moneda para los ricachones

[otra para los mendigos
Que discuten bajo los soportales con los inspectores de Hacienda
Una moneda para un ramo de jacintos y otra para coger el ómnibus
Mientras los alcaldes de mar calientan la vieja sopa del cosmos
Y tú sales a la pista del sueño en brazos de todos los payasos anónimos
Una moneda para el silencio que pisan los gatos callejeros en la noche
La que compra los restos de desesperanza que le sobran a la gente
Y de mano en mano devuelve su recuerdo a la billetera de Dios

Posiblemente se acaben de levantar y oigan a lo lejos un olor a pájaros dormidos. Posiblemente todo lo que era el mundo, hierba y galaxia, aún es sueño. Saben planchar, posiblemente dan de comer a hijos que no son suyos. Vuelven insignificantes a la vida, regresan al suburbio donde pensaron algún día no estar solas, ser As de Corazones entre las manos de crupier del sábado. Quitan el polvo a libros que jamás leerán, cambian las sábanas del catre donde se amaron otros. Nadie sabe qué dios de las pequeñas cosas aún les hace sonreír en las fotografías. Caminan hacia el metro, beatrices de Dante, julietas, lisas marias di noldo gherardini. Sobreviven sin culpa, ávidas, fervientes, despreciadas. Posiblemente odian, posiblemente sueñan.

CIBERCAFÉ

En la mesa de al lado dos chicas se acarician con una pluma. En las plantaciones de té del valle del Mekong amanecieron muertas las mariposas. Pero la vida tiene esta mañana el aroma de las flores que resucitan. No sé si se aman, el deseo es una novela contada por teléfono. Son como un violín en su estuche. Acarician sus corazones de oca, se convidan a brebajes de luna. Entrarán en la noche como tinta albina que fluye de las estilográficas. Ninguna tempestad podría alejarlas de la preferida bahía. Vuelan a su colisión generosa de música, rozan sus codos de oro en las orillas que fecunda el poleo. Me roza la belleza de uva de sus ojos mojados por el dios generoso. En la mesa de al lado dos chicas se acarician con una pluma. Ahora son las dos, las tres, las miro. El amanecer desabrocha los deltas de sus ríos violetas. Voy a escribirte un e-mail contándote para qué sirven los picos de las palomas.

HISTORIA DE AMOR

Érase una vez un muchacho que vendía souvenirs en el puerto
Érase una jovencita que vivía en un colegio mayor
Por aquel entonces todos los días se parecían a la revolución
[de los claveles
Cada dos calles el azar hacía esquina con la avenida
[de las sandalias chinas.

Por el modo en que ella miraba el mar parecía haber leído
[a Saint-John Perse
Asunto delicado haber leído tan joven
[al conde de los pájaros franceses
Asunto delicado tumbarse en la hierba
[con alguien que no ha leído a Whitman.

Las diferencias de clase no parecían insalvables
Así que se enamoraron como suelen enamorarse las chicas
De los muchachos que venden souvenirs en el puerto.

Por historias semejantes príncipes y mendigos
[pasaron a las enciclopedias:
Ella le regaló *Las Iluminaciones*
Él tuvo la delicadeza de dejarle bajo la almohada
[*Una temporadita en el infierno*

ELOGIO DE LA PALABRA

Esta palabra no ha sido pronunciada contra los dioses, esta palabra y la sombra de esta palabra han sido pronunciadas ante el vacío, para una multitud que no existe.

Cuando la muerte acabe, la raíz de esta palabra y la hoja de esta palabra arderán en un bosque que otro fuego consume.

Lo que fue amado como cuerpo, lo escrito en la docilidad del árbol único, será consolación en un paisaje lejano.

Como la inmóvil mirada del pájaro ante la ballesta, así la palabra y la sombra de esa palabra aguardan su permanencia más allá de la revelación de la muerte.

Sólo el aire, únicamente lo que del aire al aire mismo trasmitimos como testamento de lo nombrado, permanecerá de nosotros.

La luz, la materia de esta palabra y el ruido de la sombra de esta palabra.

RETRATO DE FAMILIA

Ciego de Ávila, provincia de Camagüey, isla de Cuba.
Mi abuelo tocaba el clarinete
y tenía un cinturón con hebilla de oro.
Esto sucede en 1920, delante de una tela pintada
con palmeras y pájaros que habrían de ser multicolores.
En una calle de La Habana, recién llegado de Vigo,
Leonardo Mestre le compró a su novia una peineta de carey.
Están los dos, él lánguido de ojos y con un traje de lino,
ella, bajo la luz de los trópicos, es bella y me mira.
Han conocido el ancho cielo
y los grandes peces de los mares,
su juventud es dichosa
como la aventura que acaban de descubrir.
Entonces se han colocado para la fotografía
y con ella, como el que es alegre y vencido por el amor
entran en el hermoso sueño de la vida.
Ya nada pudo separarlos, sólo ellos saben
por qué fue aquel el instante preciso del milagro.
Yo podría continuar esta historia
pero no sé si en 1920 había chevrolets en Cuba.

POEMA DEL LEJANO

El que desterrado por la pobreza
vive sin corazón en lo lejano,
y a nada atiende como suyo
y es lóbrego y cansado bajo el cielo.
El que sale vencido de su casa
y lo arrastra la gente en su murmullo
y transcurre vacío por la calle
y se sienta delante de una máquina.
El doloroso de razón frente a la vida
que muere en la esperanza y no regresa.
A este que nadie ha despedido
y toma el tren un día hacia la aurora.
Nadie lo sabrá, su historia es triste
como un mar que nadie ha descubierto.
No ha querido mirar la primavera,
trabaja por volver, brotar un día
como el árbol florecido que en su huerto
daba sombra y destino a la mañana.
Pensaréis que el cielo habrá de perdonarlo,
pensaréis que el amor,
ciudad y pájaros y torres
sonará de nuevo campanas en sus ojos.
Pero él, que perdido en lo lejano
fue escombro de alameda, ha muerto.
No lo lloréis,
junto a aquel leño oscuro
brotaba un manantial honrado.

LA HIJA DEL SASTRE

Hoy 18 de julio martes setenta y cinco aniversario del golpe de
estado de Caín

En la televisión las locutoras hablan con tranquilidad de los
cometas que pasan rozando la Tierra cada diez mil años

Hacia esta misma hora en León ya ha sido detenido el alcalde
Miguel Castaño y los pantanos que aún no esperaban lluvias
del tiempo futuro han comenzado a llenarse de sangre del
tiempo pasado

Donde termina la provincia hay un castillo con su conde y hay
un pueblo dividido por dos ríos y no es necesaria ninguna
otra información geográfica

Son las tres de la tarde delante de su almacén de coloniales el
comerciante Emilio Silva observa dos criaturas que juegan a
descargarse oro en los ojos

Son la hija del sastre y el hijo del panadero

La miel entra en los caramelos y los muchachos comienzan a oír
la canción de las estrellas que al atardecer se atolondran en la
oscuridad

Ella dijo y él dijo y ambos se dijeron no hay ningún otro camino
que nos lleve al mar

Los ríos cambian de pie y las aguas regresan a la montaña

La única música es el canto de las abejas camino de los
colmenares

Las cosas que pasaban eran casi todas las cosas que pasan en un
pueblo que no aparece en las esferas del mundo

En la alameda los fumadores encienden sus cigarrillos para ser
vistos desde las estrellas

La Luna le da la mano al Sol y los antepasados siguen con la
conversación bajo los cerezos

Nadie supo nunca imaginar algo así

Los árboles marchan sin dirección a tomar el desvío hacia los paisajes del arrepentimiento

Los verdugos dejan de comer tocino, a las fuentes se les seca la boca

Es septiembre y la tarde tiene el color de la uvas, será monja o será fraile preguntan los dedos que abren el capullo de las amapolas

El último día del verano fusilan al alcalde de Villafranca del Bierzo, Antonio Gabelas y los pensamientos que ya no existen dijeron: Será mejor que te calles

La última mirada se da la vuelta en la ventana de la casa de enfrente

Las mujeres no están preparadas para la inquietud, los amantes no están preparados para el remordimiento, los niños no están preparados para la congoja

La voz se lava las manos, la decisión se lava las manos, los caciques se lavan las manos

Ladran los perros de caza, se esconden los perros de caza, su mirada se inclina como la cabeza de un enfermo

El que oíamos cantar se deja de sentir como dedos que se duermen

Aquellos que no conocíamos salen de cualquier parte dispuestos a permanecer para siempre

Y lo que sucede en un lugar comienza también a suceder en otro como si se borrara un sueño

El sastre termina de hilvanar el traje que su compadre ya no podrá recoger

No se sabe dónde lo han llevado y los días que ya no existen
volverán a decir: Será mejor que te calles

En abril del 41 Antonio Abella, vecino de Paradaseca, muere
en Mauthausen

Y José Mestre desaparece el primero de febrero del 42 en el
campo de exterminio de Gusen

Pasan los inviernos y los veranos que ya no existen seguirán
repitiendo: Será mejor que te calles

Sesenta y cuatro años después de la insurrección fascista el
nieto de Emilio Silva dueño del almacén de coloniales La
Preferida en Villafranca del Bierzo encontrará la fosa de su
abuelo en una cuneta a la entrada del pueblo de Priaranza

La noche se llena de lámparas, hablan con las hojas doradas
que aún tienen la cocina encendida

El pelirrojo acebo le dice al espino: Será mejor que te calles

Ella dijo y él dijo y ambos se dijeron barrio triste escaparates
donde las personas miraban el tiempo el cielo el viento en
línea recta de la carretera

El sol vino a acostarse en los retales, el humo volvió a entrar en
las chimeneas, la corriente eléctrica regresa a la oscuridad,
abre la puerta, salta en el mundo

Se entierran las palabras que esperaban a alguien, se
desentierran como niños vivos

Y se va el otoño y regresa la primavera y los cometas pasan
rozando la Tierra una vez cada diez mil años.

CAVALO MORTO

A Úrsula y Antonio Pereira

Cavalo Morto es un lugar que existe en un poema de Lêdo Ivo. Un poema de Lêdo Ivo es una luciérnaga que busca una moneda perdida. Cada moneda perdida es una golondrina de espaldas, posada sobre la luz de un pararrayos. Dentro de un pararrayos hay un bullicio de abejas prehistóricas alrededor de una sandía. En Cavalo Morto las sandías son mujeres semidormidas que tienen en medio del corazón el ruido de un manojo de llaves.

Cavalo Morto es un lugar que existe en un poema de Lêdo Ivo. Lêdo Ivo es un hombre viejo que vive en Brasil y sale en las antologías con cara de loco. En Cavalo Morto los locos tienen alas de mosca y vuelven a guardar en su caja las cerillas quemadas como si fuesen palabras rozadas por el resplandor de otro mundo. Otro mundo es el fondo de un vaso, un lugar donde lo recto tiene forma de herradura y hay una sola calle forrada con tela de gabardina.

Cavalo Morto es un lugar que existe en un poema de Lêdo Ivo. Un lugar que existe en un poema de Lêdo Ivo es un río que madruga para ir a fabricar el agua de las lágrimas, pequeñas mentiras de lluvia heridas por una púa de acacia. En Cavalo Morto los aviones atan con cintas de vapor el cielo como si las nubes fuesen un regalo de Navidad y los felices y los infelices suben directamente a los hipódromos eternos por la escalerilla del anillador de gaviotas.

Cavalo Morto es un lugar que existe en un poema de Lêdo Ivo. Un poema de Lêdo Ivo es el amante de un reloj de sol que abandona de puntillas los hostales de la mañana siguiente. La mañana siguiente es lo que iban a decirse aquellos que nunca llegaron a encontrarse, los que aun así se amaron y salen del brazo con la brisa del anochecer a celebrar el cumpleaños de los árboles y escriben partituras para el timbre de las bicicletas.

Cavalo Morto es un lugar que existe en un poema de Lêdo Ivo. Lêdo Ivo es una escuela llena de pinzones y un timonel que canta en el platillo de leche. Lêdo Ivo es un enfermero que venda las olas y enciende con su beso las bombillas de los barcos. En Cavalo Morto todas las cosas perfectas pertenecen a otro, como pertenece la tuerca de las estrellas marinas al saqueador de las cabezas sonámbulas y el cartero de las rosas del domingo a la coronita de luz de las empleadas domésticas.

Cavalo Morto es un lugar que existe en un poema de Lêdo Ivo. En Cavalo Morto cuando muere un caballo se llama a Lêdo Ivo para que lo resucite, cuando muere un evangelista se llama a Lêdo Ivo para que lo resucite, cuando muere Lêdo Ivo llaman al sastre de las mariposas para que lo resucite. Háganme caso, los recuerdos hermosos son fugaces como las ardillas, cada amor que termina es un cementerio de abrazos y Cavalo Morto es un lugar que no existe.

Epílogo

Si nunca has escuchado recitar a Juan Carlos Mestre, tu concepto sobre la poesía escénica puede tambalearse en este preciso instante. La primera vez que lo vi subir a un escenario comprendí cuánta importancia tiene para el signo lírico la voz de un poeta. Comprendí que, más allá de la intimidad lectora del hogar, la oralidad poética trasciende el significado de lo que está escrito, otorgándole a este acto poético la fuerza suficiente como para que no sea necesario centrarnos en comprender nada, sino que el centro de nuestra lectura o de nuestra escucha se traslada a un territorio que podríamos denominar el «territorio de la emoción».

Yo había leído a Mestre mucho antes de conocerlo. *Antífona del otoño en el Valle del Bierzo* y, sobre todo, *La casa roja* eran dos de mis libros de cabecera. Los descubrí en un momento de mi vida en que mi interés por la poesía se había intensificado notablemente y supusieron para mí, casi de manera inmediata, esa «rara avis», tan necesaria en el panorama poético del momento, sumergido en la abundante poesía de la experiencia. «Cavalo Morto», «Asamblea» o «Retrato de familia» fueron algunos de los textos que tocaron la aldaba de mi pequeña alma lectora y supusieron un redescubrimiento del lenguaje lírico.

La llamarada fue intensa y comencé a interesarme por otras obras del berciano. Fue quizá la lectura de *La tumba de Keats* la encargada de abrir un auténtico socavón en mi imaginario poético y sentí la necesidad de trasladar estos textos a mi labor profesional como profesora de Lengua y Literatura en Educación Secundaria.

Como decía Jon Fosse: «escribir salva vidas» y, en aquellos momentos en que los profesores *indignados* salíamos diariamente a la calle reivindicando los derechos de una educación pública de calidad, tomé conciencia de que leer también las salvaba e, igual que para mí estas lecturas suponían un desafío ante la destemplanza del panorama social y político del momento, también mis alumnas y alumnos podrían encontrar entre estos poemas un pensamiento que les ayudase a soportar el desamparo que los recortes autonómicos suponían para la comunidad educativa.

Evocando a mi admirado Gianni Rodari, autor de la *Gramática de la fantasía* y promotor de la escritura como tabla de salvación para niños y adolescentes, comencé a jugar con los textos de Juan Carlos Mestre, reconstruyendo y reinventando nuevos territorios junto a mi alumnado.

Las primeras propuestas se originaron con el mítico poema «Cavalo Morto», pero, en lugar de partir del texto que aparece en su libro *La casa roja,* presenté a mis alumnos otro texto, perteneciente al poeta brasileño Lêdo Ivo, de cuya traducción se habían encargado el propio Juan Carlos Mestre y la poeta Guadalupe Grande y que aparecía en una antología que lleva por título *La aldea de sal.* Esta antología se iniciaba con un poema también denominado «Cavalo Morto», título que luego Mestre adoptaría para su poema de *La casa roja*. Es común que el detonante de su creación poética sean lecturas de obras o textos pertenecientes a otros autores que lo trasladan al territorio de la imaginación.

El poema de Lêdo Ivo describía un lugar que introducía al lector en un mundo mágico, probablemente onírico, un espacio transformador y único que transitaba por una aparente normalidad, pero que tenía la habilidad de alterar la vida y el pensamiento de aquellos transeúntes que, azarosamente, tropezaban con el acontecimiento amoroso que surgía entre unos soldados y unas muchachas. Tras la inserción de los jóvenes lectores en este espacio mágico presentado por Lêdo Ivo, fue más inmediata su predisposición hacia el texto de Juan Carlos Mestre que llevaba el mismo título y que encontramos, como decía, en su obra *La casa roja,* galardonada, por cierto, con el Premio Nacional de Poesía en 2009; tan sencillo que, con una sola lectura, comprendieron que ese lugar, aparentemente extraño, no era otro que el de la ensoñación, «ese lugar que existe en un poema de Lêdo Ivo» y, en ese cosmos, era fácil entender que «las sandías son mujeres semidormidas», que «los locos tienen alas de mosca» o que «los aviones atan con cintas de vapor el cielo». De este modo, todo podía suceder en «Cavalo Morto». Nada de lo que allí acontecía era cuestionable y no debíamos preocuparnos si todo el que pasaba por aquel lugar, ya fuera el poeta, el lector o, en este caso, la profesora, se había transformado en un ser desobediente y libre, capaz de pensar más allá de la inercia del sistema y más allá de la rutina de la vida. No había nada que comprender porque las energías de unos y otras se habían concentrado en la simple acción de gozar.

Todavía hoy existen momentos en los que pienso que sería mucho más feliz si el mundo se hubiera detenido en aquellas aulas, mientras trabajaba con un grupo de alumnas y de alumnos que esbozaban una tenue sonrisa cuando un poema de Juan Carlos Mestre había conseguido prender una mecha en sus adolescentes corazones, haciendo quizá de ese suceso el acto más hermoso que puede pretenderse cuando se escribe y se lee poesía.

Puede ser que el poema «Cavalo Morto» fuera el detonante y el inicio de una pedagogía literaria en mis clases y, por eso, lo recuerdo con tanto cariño y emoción, pero hubo otros muchos momentos gloriosos como, por ejemplo, cuando trabajamos la reescritura del poema «Retrato de familia», perteneciente al libro *Antífona del otoño en el Valle del Bierzo,* como un ejercicio de memoria histórica; un ejercicio en el que las alumnas y alumnos empleaban la estructura del texto para elaborar la narración de la vida de sus ancestros, padres o abuelos, que habían tenido que emigrar para encontrar una vida más próspera o, incluso, en muchas ocasiones, para salvarse de la guerra o huir de otras barbaries.

Esta nueva manera colectiva y didáctica de leer y seguir aproximándome a la obra de Mestre me supuso como lectora la apertura de una nueva clave. Habíamos hablado de la magia, del extrañamiento, de la incursión de esos espíritus que representaban los artistas, que suponía el incremento de un bagaje cultural que no paraba de crecer, pero la cosa no se ciñó exclusivamente al plano más estético, sino que desembocó en una toma de conciencia de la existencia de otras temáticas de interés social y político muy preeminentes en su obra. La denuncia de las desigualdades sociales o la reivindicación de una conciencia de nuestra memoria histórica y su restitución, tanto para las víctimas de la represión franquista como para las del holocausto nazi, comenzaron a revelarse y ocupar un espacio de preferencia en las lecturas que hacíamos de muchos textos de *La bicicleta del panadero* y del *Museo de la clase obrera*.

No ha sido mi propósito en este epílogo llevar a cabo una escritura de crítica literaria sobre la obra del poeta que nos ocupa. Mi único propósito ha sido el de contar mi experiencia como lectora y, en ese acontecimiento lector, muchas veces ha habido incursiones de mi labor profesional que me han ayudado a comprender, como decía anteriormente, nuevos aspectos de su poética con los que he conseguido cerrar un círculo que da pleno sentido a uno de los versos más conocidos de nuestro autor: «las estrellas para quien las trabaja».

RAQUEL RAMÍREZ DE ARELLANO

Selección de Raquel Ramírez de Arellano

© del texto y de las ilustraciones: Juan Carlos Mestre

© del epílogo: Raquel Ramírez de Arellano, 2024

© de esta edición: Kalandraka Editora, 2024

Rúa de Pastor Díaz, n.º 1, 4.º B. 36001 – Pontevedra
Tel.: 986 860 276
editora@kalandraka.com
www.kalandraka.com

Impreso en Gráficas Anduriña, Poio
Primera edición: noviembre, 2024
ISBN: 978-84-1343-303-5
DL: PO 413-2024

Esta obra ha recibido una ayuda a la edición
del Ministerio de Cultura y Deporte